INVENTAIRE
Ye 26 008

Y2 26008

HENRI LEFORT.

# CHANTS DE HAINE

I

## DEUIL ET FOI

60 CENTIMES.

PARIS
COULON-PINEAU, LIBRAIRE,
RUE MONSIEUR-LE-PRINCE, 33.

# DEUIL ET FOI

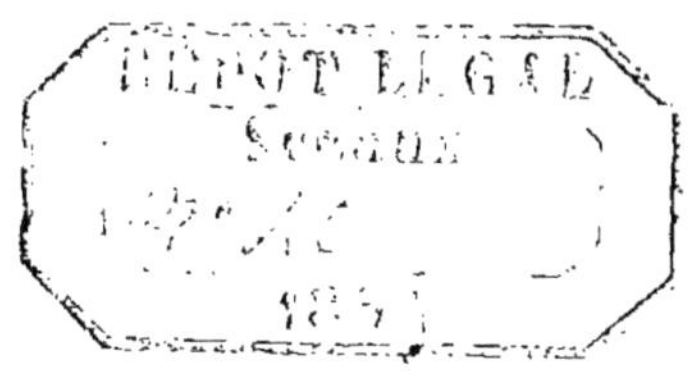

SCEAUX. — IMPRIMERIE DE MUNZEL FRÈRES.

HENRI LEFORT.

---

# CHANTS DE HAINE

I

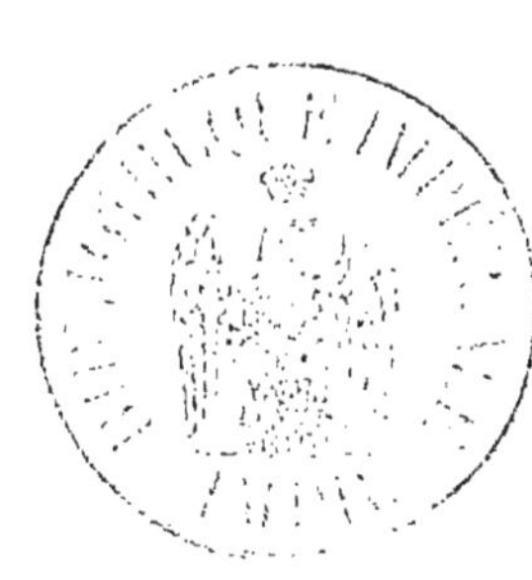

DEUIL ET FOI

PARIS

COULON-PINEAU, LIBRAIRE,

RUE MONSIEUR-LE-PRINCE, 33.

1855

Ce titre — *Chants de haine* — semblera peut-être bien hardi, bien franc dans ce temps d'hypocrisie et de lâcheté ; mais l'auteur vit déjà par la pensée dans des temps meilleurs, et se glorifie de sentir en lui :

Ces haines vigoureuses
Que doit donner le vice aux âmes vertueuses.

D'ailleurs son titre ne l'enchaînera pas. Ses vers respirent l'amour du bien autant que la haine du mal. Le lecteur le sentira dans cette première pièce, qui peut être considérée comme une préface, comme une profession de foi. Si le public l'encourage, l'auteur continuera son œuvre.

Versailles, août 1855.

# DEUIL ET FOI

Ne tombons pas dans ce travers vulgaire, qui est de maudire et de déshonorer le siècle où l'on vit.
VICTOR HUGO.

Dieu n'a pas livré l'homme à la fatalité.
En le créant il a créé la liberté ;
Et la lutte du bien et du mal dans le monde
Révèle à la raison sa sagesse profonde.
Parfois même le bien naît du mal triomphant,
Comme d'un père infâme, un glorieux enfant.
On ne peut pas tuer la justice éternelle :
Aujourd'hui, comme hier, je crois toujours en elle.
En affirmant le mal, j'affirme la vertu,
Car on n'est pas vainqueur sans avoir combattu.

Si j'ose prendre en main le vieux fouet satirique,
C'est que je ne viens pas, indifférent, sceptique,
Le sourire à la lèvre et le dédain au cœur,
Faire, comme un grelot, sonner mon vers moqueur.
Non! l'indignation me possède, m'entraîne,
Et mes vers, débordant de mon cœur gros de haine,
Vont, sur les préjugés ennemis du progrès,
Bondir, comme une meute, à travers les forêts.

Je commence, et déjà ce mot : haine! effarouche
Ceux à qui la peur met un bâillon sur la bouche,
Pharisiens dévots, qui, les yeux vers le ciel,
Absolvent, par prudence, un puissant criminel,
Et se taisant devant le vice qui s'étale,
Lorsqu'on veut le flétrir, vont criant au scandale.
D'autres, loyaux et bons, que je n'ose blâmer,
Ne savent pas haïr comme ils savent aimer.
Des méchants enhardis, éternelles victimes,
Comme à Rome, autrefois, les martyrs, fous sublimes,
On les verrait encor mourir en bénissant
Les bourreaux, dans le cirque inondé de leur sang.
Je les admire ; moi, je hais fort comme j'aime,
Et contre les bourreaux je lance l'anathème ;

Mon pardon, pour absoudre, attend le repentir ;
Je veux être un soldat, mais non pas un martyr !
Arrière, madrigaux ! Le temps des rêveries
Est passé. N'allons plus dans les vertes prairies,
Rêver à nos amours, quand le monde est en feu,
Quand l'homme fait des lois contre les lois de Dieu.
Il s'enivre aujourd'hui, pour ne pas voir dans l'ombre
L'avenir approcher comme un nuage sombre.
Il a peur, et la peur paralyse son bras.
La mer gronde. — Pourquoi ne le dirais-je pas ?
Est-ce ma mission, à moi, jeune poëte ?
Oui ; l'humble mousse peut signaler la tempête.
Pourquoi se taisent-ils, ceux dont la grande voix
Dans le monde attentif résonnait autrefois ?
Le découragement s'empare de leur âme ;
Au lieu de l'attiser, le vent éteint leur flamme,
Et, dans de vains travaux, oubliant leurs douleurs,
Dans les siècles passés, ils vont cueillir des fleurs.
Que leur plume, à défaut de leur voix, glorifie
Le drapeau déchiré de la philosophie ;
Dans les rangs des vaincus, debout comme Caton,
Quand la foule dit : oui ! qu'ils disent toujours : Non.
Lorsque d'un criminel elle absout l'injustice,
Elle n'est plus un juge et devient son complice.

O Vérité ! ton temple a perdu ses splendeurs ;
Sur ses degrés bénis, de cyniques vendeurs
Ont dressé leur boutique, et la foule enivrée
Emplit de ses clameurs son enceinte sacrée.
Si j'avais la vigueur du Christ, seul contre tous,
Je les en chasserais ; mais j'aurai son courroux,
Et je les poursuivrai partout de mes huées,
Car ils sont aussi vils que des prostituées ;
Ils vendent au public leurs charmes vrais ou faux
Et leur lasciveté fait passer leurs défauts.
La Force étreint l'Idée, et dans l'ombre l'entraîne ;
Cette servante veut étrangler cette reine.
O penseurs ! empêchez ce forfait odieux :
L'idée est votre mère, et vos noms radieux
Lui doivent leur éclat... Elle a fait votre gloire,
Vengez-la ! combattez, rendez-lui la victoire !
On ne doit pas faiblir, tant qu'on peut résister,
Même avec un bâillon on peut encor lutter.
La lutte est difficile, impossible... On la tente ;
Pourquoi donc êtes-vous rentrés dans votre tente ?
Pas tous... Non, je le sais. Au milieu de nos rangs
Nous, conscrits, nous voyons marcher des vétérans,
Et nous les écoutons. Parfois dans le silence
Où nous plonge la peur, la lâche indifférence,

J'applaudis aux efforts d'un penseur inspiré
Qui reste encore debout, à son poste sacré.
Sa torche flamboyante illumine la route
Où, voyageurs perdus dans les ombres du doute,
Les hommes inquiets cherchent la vérité ;
Elle brille un instant, puis dans l'obscurité
Tout retombe... Est-ce moi qui d'une main superbe
Viendrais l'agiter? Non ; mais peut-être dans l'herbe,
Comme le ver luisant, ma clarté brillera,
Je ferai ce que dois, advienne que pourra.
O devise héroïque, en ce temps, on t'oublie !
Culte saint du devoir, on t'appelle folie,
Quand il faut accomplir ta difficile loi.
Inspire-moi : j'aurai l'audace de la foi !

Je crois à la grandeur du siècle, et veux le dire ;
Je le bénis toujours, quand je l'entends maudire ;
Car, en lettres de feu, pour la postérité,
Il écrit ces trois mots : Travail, Paix, Liberté :
Trinité, dogme saint, qui n'est pas un mystère ;
La France le révèle au reste de la terre ;
Quoi qu'on fasse, il sera compris, et désormais
Le monde qui le sait, ne l'oubliera jamais.

Ma raison ne peut croire aux présages funèbres,
Et je ne tremble pas au milieu des ténèbres.
Le Progrès, dans la nuit, peut reculer d'un pas ;
Son feu sacré pâlit, mais il ne s'éteint pas.
Ce siècle est grand : il cherche, il produit, il invente ;
La Force aveugle cède à la Force savante.
La Science grandit, l'Ignorance décroît.
La Raison est le pape, à qui le monde croit.
L'homme, de Dieu s'approche ; il détruisait, il crée ;
Supprime la douleur, l'espace, la durée ;
Remplace le soleil, et son œil curieux
Va sonder hardiment les profondeurs des cieux.
Peintres, musiciens, orateurs et poëtes
Versent, à pleines mains, leurs trésors dans les fêtes,
Où l'on voit accourir les esprits affamés.
Leurs immenses palais ne sont jamais fermés ;
Et ces rois du génie, à leurs tables splendides
Peuvent rassasier leurs convives avides.
Ce siècle glorieux est aussi le plus doux,
Et c'est ce qui le fait grand au-dessus de tous.
Dans sa chute il respecte encor la créature,
Supprime l'infamie, abolit la torture ;
Il lui faut des prisons ; mais il les assainit ;
Il ne se venge plus du coupable ! il punit.

Parfois sur les abus sa colère déborde,
Mais il n'est jamais sourd à la miséricorde ;
Et le peuple, agité par la rebellion,
Est doux comme un enfant et fort comme un lion.
Il était fou de haine, il est fou de clémence ;
Il a de la bonté la sublime démence ;
Les rayons de l'amour pénètrent dans son cœur,
Un jour il est le maître, et, de son bras vainqueur,
Il brise l'échafaud, il détruit l'esclavage.
La Guerre existe encor ; mais elle est moins sauvage ;
Et le soldat, lui-même, esclave du Progrès,
De la fraternité prépare les congrès.
Ce siècle est grand... Pourquoi faire entendre une plainte
Et pourquoi donc lutter ? Je le dirai sans crainte :
J'espère librement parler, comme autrefois
Mes devanciers parlaient à la face des rois ;
Je ne toucherai pas à l'arche politique ;
Je ne frapperai pas de mon vers satirique
Les personnes, les lois ; je passe et dis : C'est bien.
Le poëte fera taire le citoyen.
Mais je défends ici la morale outragée
Qui peut toujours, qui doit toujours être vengée.
Acceptant ses devoirs, je proclame ses droits.
Je dis : nous sommes tous égaux devant ses lois.

La peur et l'intérêt mentent ; et ces infâmes
Sont les entremetteurs des séducteurs des âmes.
Celui qui croit en soi, croit en l'humanité.
La résignation est une lâcheté.
Nos ennemis sont là... Ne versons pas de larmes ;
Est-ce qu'un soldat pleure ? il bondit sur ses armes.
Je sais que le Progrès rit de leurs vains efforts,
Et qu'ils verront debout ceux qu'ils avaient crus morts.
Je sais que tôt ou tard il détruira leurs œuvres ;
Que son pied de géant écrase leurs couleuvres ;
Mais je veux arracher le masque à ces larrons
Qui tâchent de souffler, pour piller les poltrons,
Sur le flambeau de l'âme appelé Conscience.
De leur argot obscur je connais la science.
Ils appellent le crime : une nécessité ;
Le mensonge et le vol : audace, habileté ;
L'honnête homme : un brigand ; et sa plainte : impudence ;
L'égoïsme : un devoir ; la lâcheté : prudence.
Ils parlent de morale aux bras d'une catin,
Et de leur dévouement, en comptant leur butin.
Ils sont religieux, et même catholiques ;
Ils adorent la Vierge, ils baisent les reliques ;
Quand leur crime est commis, comme un bandit romain,
Dans l'eau d'un bénitier ils se lavent la main.

Leurs sophistes vendus, trompant les multitudes,
Sous des mots profanés cachent leurs turpitudes,
Semblables aux serpents, qui rampent sous des fleurs;
Et la foule trompée applaudit ces voleurs.
Ne nous étonnons pas de ce spectacle infâme,
Le monde a déjà vu jouer ce sombre drame,
Où Mélitus paraît à côté de Judas,
Où la foule préfère aux Christs les Barrabas ;
Mais, malgré les soldats appuyés sur leur lance,
Le Bien sort du sépulcre et radieux s'élance.
La Résurrection, dans le mythe chrétien,
Est l'emblème éclatant du triomphe du Bien.

Sous mille aspects divers le mal lutte, et s'oppose
A l'essor du Progrès dont je défends la cause.
Je ne peux pas compter ses ennemis nombreux ;
Mais, quand je les verrai, je frapperai sur eux.
Je suis jeune ; je crois, et je m'en glorifie.
Je suis faible ; en avant ! la lutte fortifie.
Comme le Fait brutal, l'Idée a ses combats ;
La plume est le fusil des poëtes-soldats.

Oui, malgré tes erreurs, ô Siècle ! en toi j'espère.
Je ne veux pas railler ton ivresse, ô mon père !

Tu dois être vengé, mais non pas insulté.
Fils pieux, je voudrais voiler ta nudité ;
Mais ma satire est juste, elle doit être vraie,
Et je vais séparer le bon grain de l'ivraie.
Dors ! pendant ton sommeil, plein de respect pour toi,
J'accomplirai ma tâche, inspiré par ma foi.
Pour mieux me pénétrer de mon devoir austère,
Loin du bruit des cités je vivrai solitaire.
En travaillant pour toi, j'attendrai ton réveil ;
La nuit ne me fait pas oublier le soleil.